A LA MÉMOIRE

DE

M. HENRI-PIERRE-JULES CERF

Capitaine de 1ʳᵉ classe du Génie

Professeur adjoint du Cours de Fortification

à l'École d'application de l'Artillerie et du Génie

de Fontainebleau.

A LA MÉMOIRE

DE

M. Henri-Pierre-Jules CERF

Capitaine de 1re classe du Génie

Professeur adjoint du Cours de Fortification

à l'École d'application de l'Artillerie et du Génie

de Fontainebleau.

Le vendredi 15 janvier 1886, ont eu lieu, dans la chapelle du Val-de-Grâce, à Paris, les obsèques de M. le capitaine du Génie, Henri Cerf, professeur adjoint du cours de Fortification permanente, à l'École d'application de l'Artillerie et du Génie.

Ce jeune officier, entré au Val-de-Grâce le 10 janvier, y est décédé subitement le 12, à neuf heures du matin, des suites d'une embolie, survenue pendant l'exploration d'une affection à la jambe, conséquence elle-même d'une chute faite anciennement.

Le deuil était conduit par les trois frères du défunt, MM. Julien Cerf, lieutenant au 1er régiment du Génie; Louis Cerf, lieutenant au 43e régiment d'Infanterie, et Honoré Cerf, d'Armentières.

A la suite venaient les membres et amis de la famille, parmi lesquels se trouvaient MM. Dutilleul; Debruyn; Georges, Fernand et Pierre Woussen, d'Armentières; le général Malcor; M. Baumal, ancien ingénieur des chemins de fer de l'Ouest; les commandants Renard et Manceron; le capitaine d'Artillerie Malcor; M. Bettin; M. Storez; M. Schlumberger, ingénieur en chef des constructions navales.

La famille militaire du défunt était représentée par MM. le général Coste, commandant l'École d'application de l'Artillerie et du Génie; le général de division Salanson, commandant supérieur du Génie de l'armée de Paris; le lieutenant-colonel Delair; les commandants Petit, Pamard, Biswang, Charbonnier ; tous les officiers de l'État-Major et professeurs de l'École d'application ; une députation nombreuse d'officiers de l'Artillerie et du Génie de l'armée de Paris ; tous les lieutenants du 1er régiment du Génie et une députation de vingt officiers-élèves français et étrangers, de l'École de Fontainebleau.

Parmi les nombreuses couronnes et les bouquets déposés sur le cercueil par les membres de la famille, les amis, les officiers du cours de Fortification, les capitaines de l'État-Major et les professeurs de l'École d'application, on a particulièrement remarqué une magnifique tresse en immortelles violettes, portant cette inscription, qui témoigne de la profonde sympathie des jeunes officiers de cette école pour leur regretté professeur :

AU CAPITAINE CERF

LES OFFICIERS-ÉLÈVES DE L'ÉCOLE D'APPLICATION

et, détail bien touchant, la fiancée de ce jeune officier avait fait déposer, dans les replis de cette guirlande, les fleurs de sa future couronne de mariée.

Les honneurs militaires étaient rendus par un peloton d'Infanterie, commandé par un lieutenant.

L'inhumation a eu lieu au cimetière de Montrouge. Après les cérémonies religieuses d'usage, M. le lieutenant-colonel du Génie Delair, professeur titulaire du cours de Fortification permanente à l'École d'application de l'Artillerie et du Génie, a prononcé, sur la tombe, les paroles suivantes :

Messieurs,

Il y a quelques semaines, à Fontainebleau, nous rendions les derniers devoirs à l'un de nos bons camarades, M. le capitaine Piétri, mort loin de nous, dans une brillante mission, et enlevé à nos affections d'une manière aussi subite qu'imprévue !

Nous sommes encore sous l'impression de ce douloureux souvenir ; et, voici qu'aujourd'hui c'est aussi
un de nos amis, un de nos chers camarades, M. le
capitaine CERF, qui est là, devant nous, enlevé éga-
lement à ces mêmes affections, brisé comme par un
coup de foudre !

Nous sommes trop faibles devant les desseins de
la Providence, pour songer à discuter ses arrêts ;
mais nous avons le droit de nous ressouvenir :

Né à Armentières (Nord), le 10 janvier 1853, ancien élève de l'École polytechnique et de l'École
d'application de Fontainebleau, Henri-Pierre-Jules
CERF fut nommé lieutenant au 3ᵉ régiment du Génie,
à Arras, en 1876, et capitaine à l'État-Major de
l'arme en 1879.

Il s'était fait remarquer par ses études de fortification dans les places d'Hirson, de Laon et d'Amiens ;
il fut désigné, en 1881, quoique bien jeune encore,
pour remplir, à l'École d'application de l'Artillerie
et du Génie, les fonctions de professeur adjoint du
cours de fortification permanente.

C'est un bien douloureux devoir pour moi, de
venir, aujourd'hui, dire adieu à cet officier d'élite
qui, depuis plus de quatre ans, remplissait, parmi
nous, avec tant de distinction, la délicate mission
qui lui avait été confiée.

Nous tous, ses chefs, ses collègues, ses amis, et

vous, messieurs les officiers de l'École d'application,
ses chers élèves, qui êtes venus mêler vos larmes
aux nôtres, nous avions fondé sur son avenir militaire les plus belles espérances. Brillantes promesses,
amères déceptions!

Et puis, pouvons-nous oublier que, près d'ici, à
Chantilly, l'on avait déjà cueilli les fleurs qui, mardi
prochain, — mardi prochain! — devaient être jetées
sous les pas de notre ami? Voici, maintenant, autour
de nous, les guirlandes que, de son côté, le Destin
avait tressées!

Malheureux parents! Malheureux amis! Malheu-
reuse fiancée!

Adieu, CERF, adieu, mon bien cher ami; je vous
dis adieu, au nom de votre chère famille militaire.

Adieu, adieu... ou plutôt, au revoi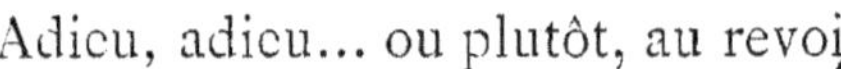

FONTAINEBLEAU. — E. Bourges, imp. breveté.